Sprachliche Bildung

AF185851

Montessori-Perlen

Herausgegeben von
Harald Ludwig und Michael Klein-Landeck

Sprachliche Bildung

Maria Montessori

Sprachliche Bildung

Schlüssel zur Welt

Herausgegeben und mit einem
Nachwort versehen von
Michael Klein-Landeck

HERDER

FREIBURG · BASEL · WIEN

MIX
Papier aus verantwor-
tungsvollen Quellen
FSC® C014496

Umschlaggestaltung und -konzeption: rsrdesign, Wiesbaden
Umschlagmotiv: Maria Montessori mit Perlenkette, 1936

Satz: SatzWeise, Bad Wünnenberg
Herstellung: GGP Media GmbH, Pößneck
Printed in Germany

ISBN Print 978-3-451-37953-6
ISBN EBook (PDF) 978-3-451-82451-7
ISBN EBook (EPUB) 978-3-451-82452-4

Inhalt

Vorbemerkung   7

Texte Maria Montessoris

Das Geheimnis der Sprache   9

Der Beginn des Unterrichts /
Schreiben – Lesen   25

Die Analyse des Schreibens   37

Das Lesen ohne Fibel   61

Nachwort von Michael Klein-Landeck   69

Literaturhinweise   75

Vorbemerkung

Im Zentrum des pädagogischen Denkens Maria Montessoris (1870–1952) steht das Kind mit seinen basalen Entwicklungsbedürfnissen und Aufbaukräften. Erziehung bedeutet für sie, dem jungen Menschen Hilfe zu leisten beim Aufbau seiner Persönlichkeit. Dies gilt in besonderer Weise auch für die Sprachentwicklung.

Nach Montessori ist Sprache »*Teil der Personaliät*« selbst[1], denn sie betrifft den ganzen Menschen in seiner Entwicklung. Beim Aufbau der Muttersprache zeige sich das komplexe Zusammenspiel von Anlage, Umwelt und Eigenaktivität des Kindes, insbesondere die unbewusste Wirkkraft des Absorbierenden Geistes und die Bedeutung Sensitiver Phasen. Erste Angebote zur sprachlichen Bildung entwickelt sie als pädagogische Antwort auf frühkindliche Lernbedürfnisse. Neben dem gepflegten sprachlichen Vorbild sollen spezielle Lernmaterialien das Kind beim ersten Lesen und Schreiben im Vorschulalter unterstützen.

Aber Montessori reflektiert auch Entstehung, Funktion und Komplexität unterschiedlicher Sprachen, die sie als *Übereinkunft* versteht, um »Verständigung unter den Menschen herbeizuführen.«[2] Sprache ist für sie *Schlüssel zur Welt* – Mittel zur Welterkenntnis, Ausdrucks- und Kommunikationsmittel und letztlich *Basis für das soziale Leben*.

Das vorliegende Bändchen vermittelt einen facettenreichen Einblick in Montessoris Verständnis von Sprachentwicklung, sprachlicher Bildung und der aktiven Rolle des Kindes beim Spracherwerb. Hinweise zum Entstehungszusammenhang der Texte finden sich im Nachwort.

Michael Klein-Landeck

Anmerkungen

[1] Montessori, Maria: Von der Kindheit zur Jugend (MMGW Bd. 14), 2. Aufl. Freiburg 2018, S. 128
[2] ebd.

Das Geheimnis
der
Sprache

Sprache ist ein Ausdruck der Übereinkunft zwischen einer Gruppe von Menschen und kann nur von denen verstanden werden, die sich darauf geeinigt haben, dass bestimmte Laute bestimmte Begriffe darstellen sollen. Andere Gruppen haben andere Laute für die gleichen Begriffe und Gegenstände. Daher wird Sprache zu einer Mauer, die verschiedene Gruppen voneinander trennt und gleichzeitig Mitglieder derselben Gruppe zusammenschließt. Sie ist das Mittel zu gemeinsamem Denken und ist immer verwickelter geworden, wie das menschliche Denken selber an Komplexität zunahm. Die zur Wortbildung verwendeten Laute sind gering an der Zahl, aber sie können sich auf vielfache Weise zur Wortbildung verbinden. Diese Worte können wiederum auf vielfache Art angeordnet werden, um einen Satz zum Ausdruck eines Gedankens zu gestalten.

Es gibt nichts Geheimnisvolleres als die Wahrheit, dass für jedes große Werk Menschen zu einer Übereinkunft gelangen müssen; für diese Übereinkunft aber brauchen sie die Sprache, das abstrakteste aller Dinge, eine Art Über-Intelligenz.

Es hat Sprachen gegeben, die so kompliziert und unbeugsam formal wurden, dass sie ausstarben und abgeleitete Sprachen deren Platz im allgemeinen Gebrauch einnahmen. Aber wie schwer wir es heute auch finden mögen, eingehende Kenntnisse des klassischen Lateins zu erwerben, die Sklaven im römischen Kaiserreich müssen es gesprochen haben, ebenso wie die Bauern auf den Feldern – obwohl es sie niemand gelehrt hatte. Dreijährige Kinder müssen es leicht zu sprechen und zu verstehen gefunden haben. Dieses Geheimnis hat heutzutage Neugier erweckt, und Psychologen, die die Sprachentwicklung beim Kind betrachten, betonen, dass die Sprache sich von selbst herausbildet und nicht unterrichtet wird! Die Sprache kommt auf ganz natürliche Weise als spontane Schöpfung zustande, ihre Entwicklung folgt in bemerkenswertem Umfang eindeutigen Gesetzen und erreicht in bestimmten Zeiten bestimmte Höhen. Das gilt für alle Kinder, sei die Sprache ihres Volkes einfach oder kompliziert. Es gibt für alle Kinder eine Periode, in der nur Silben gesprochen werden, dann eine weitere für mehrsilbige Worte; schließlich scheint die gesamte Satzlehre und Grammatik begriffen zu werden: Genus und Numerus, Kasus, Tempus und Modus. Das Kind aus einer hochkultivierten Umgebung lernt zur selben Zeit seine Sprache richtig zu gebrauchen, wie das arme afrikanische Kind seine wenigen Worte lernt. Die wortbildenden Laute werden mit Hilfe bestimmter körperlicher Mechanismen hervorgebracht, wie zum Beispiel Zunge, Hals, Nase und bestimmte Wangenmuskeln. Der Aufbau dieses Mechanismus stellt sich als vollkommen nur für die Muttersprache heraus; von einer Fremdsprache können Erwachsene nicht einmal alle Laute bewusst hören, geschweige denn sie fehlerlos hervorbringen. Nur das Kind unter drei Jahren kann den Sprachmechanismus aufbauen, und es kann beliebig viele Sprachen sprechen, sofern sie bei seiner Geburt in der Umgebung vorhanden sind. Diese Arbeit beginnt in der Dunkelheit des unterbewussten Geistes; dort entwickelt sie sich und prägt sich für immer ein. Veränderungen finden in den Tiefen statt, die der Beobachtung durch Erwachsene nicht immer zugänglich sind; aber einige äußere Anzeichen lassen sich erkennen und überprüfen, und diese sind bedeutsam und offensichtlich; sie sind darüber hinaus der ganzen Menschheit gemeinsam. Eine Schlussfolgerung ist die, dass die Laute jeder Sprache ihre Unverfälschtheit in jedem Alter behalten; eine weitere lautet, dass Schwierigkeiten vom kindlichen Unterbewusstsein ebenso leicht aufgenommen werden wie Leichtigkeiten. Kein Kind wird des Sprechen Lernens müde; sein Mechanismus hat die Sprache als Ganzes hervorgebracht, ähnlich wie der Mechanismus eines Kamerafilms zehn oder mehr Menschen mit derselben Leichtigkeit fotografiert wie einen einzelnen. Der Film nimmt das Bild im Bruchteil einer Sekunde auf, aber es würde Zeit und Mühe kosten, das Abbild eines einzigen Menschen zu zeichnen und zehnmal so viel für zehn Menschen.

Eine weitere interessante Übereinstimmung liegt darin, dass das Foto im Dunkeln aufgenommen und entwickelt wird. Nur wenn es fixiert ist, kann es ans Licht gebracht werden und ist dann unveränderbar. Genauso ist es mit dem menschlichen Sprachmechanismus im Kinde: Er beginnt tief im Dunkel des Unterbewusstseins, wird dort entwickelt und fixiert und lässt sich nur dann offen sehen.

Geduldig Tag für Tag nach der Geburt durchgeführte und sorgfältig aufgezeichnete Beobachtungen haben bestimmte Tatsachen ergeben, die als Meilensteine anzusehen sind. Es gibt eine sehr große, geheimnisvolle innere Entwicklung, deren entsprechendes äußeres Kennzeichen sehr klein ist und ein großes Missverhältnis zwischen innerer Tätigkeit und deren erkennbaren Anzeichen aufzeigt. Fortschritt zeigt sich als nicht regelmäßig und geradlinig, sondern sprunghaft; zwischen der Errungenschaft von Silben und der von Wörtern vergehen Monate, in denen kein sichtbarer Fortschritt stattfindet. Wiederum scheint das Kind mit einigen wenigen Wörtern für längere Zeit stehen zu bleiben, doch findet im inneren Leben ein fortlaufender großer Fortschritt statt, der plötzlich etwas zur Folge hat, was die Psychologen ein explosives Phänomen nennen. Im selben Lebensabschnitt kommt plötzlich bei jedem Kind ein Wasserfall von Wörtern zum Vorschein, alle fehlerlos ausgesprochen. Innerhalb von drei Monaten gebrauchen die Kinder mit Leichtigkeit Redewendungen und sprachliche Eigenarten, und das alles passiert am Ende des zweiten Lebensjahres für das normale Kind in jedem Volk. Diese Erscheinungen setzen sich nach diesen zwei Jahren fort: Die Beherrschung komplizierter Sätze, der Tempora und Modi von Verben und weiterer Schwierigkeiten im Satzbau wird nacheinander in derselben explosiven Weise sichtbar, bis der Sprachausdruck vollständig ist. Erst dann wird dieser vom Unterbewusstsein vorbereitete Schatz an das Bewusstsein weitergegeben, und erst dann macht das Kind vollen Gebrauch von seiner neuen Fähigkeit, indem es unaufhörlich und unbändig plaudert.

Das Alter von zweieinhalb Jahren scheint die Grenzlinie der Intelligenz bei der Formung des Menschen zu sein. Danach ist die Entwicklung nicht länger explosionsartig, sondern das Kind bereichert seinen Wortschatz, sofern es in einem kultivierten Milieu aufwächst, und vergrößert ihn sogar unter weniger günstigen Umständen. Wissenschaftliche Beobachter in Belgien stellten fest, dass das Kind mit zweieinhalb Jahren nur zweihundert Worte kennt, während es mit fünf Jahren tausend kennt und auch verwendet – und alles ohne einen Lehrer. Nachdem es das alles von selbst gelernt hat, wird es zur Schule zugelassen und im Alphabet unterrichtet!

Weitere Tatsachen bezüglich des Mechanismus der Sprache müssen noch in Betracht gezogen werden. In der Großhirnrinde gibt es zwei Zentren, das Gehörzentrum für das sprachliche Hörverständnis und das motorische für die Sprachhervorbringung. Das Aufnahme- bzw. Gehörzentrum steht in Beziehung zu dem geheimnisvollen Teil der Psyche, in dem die Sprache unterbewusst entwickelt wird, und mit dem Ohr. Dieses Hörorgan ist vor der Geburt schon vollständig entwickelt und stellt sich wie eine Art Harfe dar mit vierundsechzig nach Länge abgestuften Saiten in Gestalt einer Muschel, um Platz zu sparen. Nicht alle Laute in der Welt können vom Ohr aufgenommen werden, da es nur vierundsechzig Saiten gibt, aber es lässt sich schon eine ganz komplizierte Musik darauf spielen; eine Sprache mit all ihren feinen Spielarten von Ton und Akzent lässt sich damit übertragen. Das Merkwürdige ist daran, dass nach Auskunft der Psychologen der am langsamsten entwickelte Sinn das Gehör ist: Alle möglichen Geräusche kann man um das Kind herum ohne Reaktion machen. Das ist aber deshalb so, weil jene Zentren im Großhirn für die Sprache bestimmt sind und dieser ganze Mechanismus nur auf das gesprochene Wort anspricht. Daher wird zu gegebener Zeit der Mechanismus der Bewegung hervorgebracht, um die gleichen Laute wiederzugeben, die gehört wurden. Hätte diese besondere Isolierung der beiden Zentren nicht stattgefunden und wären sie zur Aufnahme jedes Lautes freigeblieben, dann wäre das auf dem Bauernhof geborene Kind von den vorherrschenden Lauten des bäuerischen Lebens beeindruckt und würde blöken, grunzen und gackern, während das in der Nähe einer Bahnlinie geborene Kind das Pfeifen und Schnaufen von Zügen wiedergeben würde.

Weil die Natur diese besonderen Zentren für menschliche Sprache eingerichtet hat, kann der Mensch sprechen. Es gibt glaubwürdige Fälle von Wolfskindern, von menschlichen Säuglingen, die aus dem einen oder anderen Grund im Urwald ausgesetzt wurden und es auf erstaunliche Weise geschafft haben zu überleben. Obwohl diese Kinder in ihrer Umgebung alle möglichen Arten von Vogel- und Tierlauten hatten, blieben sie vollkommen stumm; sie hatten ja keine menschliche Sprache gehört, die allein den Mechanismus der gesprochenen Sprache auslösen könnte. Die Menschheit ist durch diese Fähigkeit ausgezeichnet, nicht die Sprache zu besitzen, sondern den Mechanismus zur Sprachschöpfung zu besitzen. In jenen geheimnisvollen Stellen im Gehirn wohnt ein Gott, ein schlafendes Selbst, das durch die Musik der menschlichen Stimme erweckt zu werden scheint, durch einen göttlichen Ruf, der Fasern in Schwingungen versetzt. Jede Gruppe von Menschen liebt Musik, schafft ihre eigene Musik und ihre eigene

Sprache und spricht auf ihre eigene Musik mit Körperbewegungen an. Diese Musik schließt sich an Worte an, aber die Worte haben für sich allein keinen Sinn, bis die Übereinkunft der Menschen ihnen Bedeutung gibt.

Mit vier Monaten – manche sagen, noch früher – nimmt es das Kind wahr, dass diese geheimnisvolle Musik, die es umgibt und es so tief berührt, von einem menschlichen Mund stammt und dass die Lippen sich bewegen, um sie hervorzubringen. Man beachte einmal, mit welch gespannter Aufmerksamkeit ein Säugling die Lippen beobachtet! Das Bewusstsein hat bereits Anteil an diesem Werk, wenn auch die Bewegung unbewusst vorbereitet worden ist; jetzt kommt die bewusste Anteilnahme hinzu, um den Vorgang zu beleben und eine Reihe scharfsinniger und wachsamer Forschungen anzustellen. Nachdem er so zwei Monate lang eingehend beobachtet hat, bringt der Säugling seine eigenen Laute hervor; plötzlich kann er »Da – ba – ba« oder »Ma – ma – ma« sagen und Silben klar aussprechen. Nach zehn Monaten hat er entdeckt, dass die Sprache nicht nur Musik ist, die er so getreu wie möglich nachahmen kann, sondern dass es in den an ihn gerichteten Lauten auch einen Sinn gibt. So sind bis zum Ende des ersten Lebensjahres zwei Dinge passiert: In den Tiefen des Unbewussten hat der Säugling die Sprache verstanden, und auf den Höhen des Bewusstseins hat er sie hervorgebracht, wenn auch bis dahin nur als Geplapper, als Wiederholung von Lauten und deren Verbindungen. Dann spricht er seine ersten beabsichtigten Wörter, immer noch plappernd, aber mit einer bewussten Bedeutung. Hier entsteht ein großes Ringen im Kinde, ein Kampf des Bewusstseins mit dessen Mechanismus. Es ist eine Zeit, in der die Intelligenz viele Ideen hat, und das Kind weiß, dass die Menschen sie verstehen könnten, wenn es nur die Sprachmittel zu ihrem Ausdruck hätte. Es ist die erste Enttäuschung in seinem Leben; sie treibt das Kind in seinem Unterbewusstsein zur Schule und spornt es zum Lernen an. Es ist der Drang des Bewusstseins, der für diesen eiligen Spracherwerb verantwortlich ist, und der innere Lehrer bringt das Kind dazu, zu den Erwachsenen zu gehen, die miteinander und nicht mit ihm sprechen. Der Drang zwingt es dazu, die Sprache in ihrer richtigen Gestalt aufzunehmen; durch Unkenntnis seiner wirklichen Bedürfnisse sprechen jedoch die meisten Erwachsenen nur »Babysprache« mit ihm und geben ihm keine Hilfe. Wir müssen erkennen, dass das Kind etwas weiß und dass wir mit ihm grammatisch richtig sprechen und ihm bei der Satzzergliederung helfen können. Das Kind im Alter von ein bis zwei Jahren mag etwas zu sagen haben, das es für unbedingt notwendig hält; es kann aber das erforderliche Wort nicht finden und wird deshalb aufgeregt und sogar zornig. Das alles schreibt man dann der »Erbsünde« zu. Das arme Menschlein, das sich zur Unabhängigkeit vorarbeitet – dass es so missverstanden wird! Wut ist der ihm einzig mögliche Ausdruck, wenn ihm die richtigen Mittel fehlen!

Mit ungefähr eineinhalb Jahren hat das Kind die Tatsache begriffen, dass jeder Gegenstand einen Namen hat, so dass es unter den erlernten Wörtern jetzt Hauptwörter heraussuchen kann, insbesondere gegenständliche. Das ist für es wichtig, denn damit kann es jetzt das erbitten, was es wünscht; es drängt einen ganzen Satz in einem Wort zusammen, so dass die Mutter oder der Lehrer sich mit viel Wohlwollen darum bemühen sollten, die Äußerungen des Kindes zu deuten und damit seiner gequälten Seele Frieden zu schenken.

Um das an einem Beispiel zu verdeutlichen: Ein spanischer Säugling wurde anlässlich eines

Picknicks von seiner Mutter getragen, als die Sommerhitze die Mutter dazu brachte, ihren Mantel auszuziehen und über dem Arm zu tragen. Sofort begann das Kind, aufgeregt zu werden, und als niemand seine Äußerung »To palda« verstand, fing es heftig an zu schreien. Auf meinen Vorschlag hin zog die Mutter den Mantel wieder an, und das Kind war sofort beschwichtigt und krähte vor Glück. Die rätselhaften Worte waren Abkürzungen für »Palto«, das spanische Wort für Mantel, und »Espalda«, was Schultern heißt. So war in Wirklichkeit der kindliche Ordnungssinn verletzt worden durch die falsche Lage des Mantels auf dem Arm der Mutter. Solche Unordnung war mehr, als das Kind ertragen konnte.

Ein anderes Beispiel zeigt, wie ein Eineinhalbjähriges eine ganze Unterhaltung verstehen kann. Etwa fünf Menschen erörterten den Wert einer Kindererzählung und beendeten ihre Unterhaltung mit der Bemerkung: »Es geht alles gut aus.« Zu diesem Schluss stand der Säugling in entschiedenem Widerspruch und begann zu schreien: »Lola, Lola!« Man dachte, das Kleine verlange nach dem Kindermädchen und rief ihren Namen, aber das half nichts. Das Kind wurde nur noch unglücklicher und wütender, bis es schließlich das Buch in seine Hände bekommen und auf der Rückseite auf das Bild eines weinenden Kindes zeigen konnte. Wie konnte die Geschichte gut ausgehen, wenn ein weinendes Kind übrigblieb? Das Wort »Lola« war der Versuch zur Wiedergabe des spanischen »Llora«[1], und es wurde klar, dass das Kind der ganzen Unterhaltung mit Verstand gefolgt war.

Weitgehend aufgrund erwachsenen Missverstehens ist Aufregung ein wesentlicher Bestandteil des kindlichen Lebens. In Wahrheit gibt es einen inneren Reichtum, der seinen Ausdruck zu finden versucht und das nur unter großen Schwierigkeiten tun kann, Schwierigkeiten sowohl der Umgebung als auch der Beschränkungen des Kindes selbst. Manche Kinder sind stärker als andere, manche haben ein günstiges Milieu und schreiten geraden Weges zur Unabhängigkeit – den Weg normaler Entwicklung – ohne Regressionen. Es ist dasselbe mit der Errungenschaft der Sprache, einer größeren Unabhängigkeit, die in freien Ausdruck mündet und doch gleichlaufende Regressionsgefahren in sich birgt. Die Wirkung von Hindernissen zu dieser Zeit wird immer bleiben, da alle Eindrücke in diesem Alter unabänderlich verzeichnet werden.

Erwachsene leiden oft an Schwierigkeiten im Sprechen, vom Zögern und von mangelndem Mut bis zum Stottern, und diese Fehler hatten ihre Geburt zu der Zeit, als die Sprechmechanismen eingerichtet wurden. Diese Regressionen geschehen aufgrund der Sensitivität des Kindes: Genauso wie es Hilfen in der Sprachhervorbringung gegenüber sensibel ist, so ist es sensibel gegenüber Hindernissen, die ihm zu stark sind. Eine solche Sensitivität wird es den ganzen Rest seines Lebens als Fehler mit sich tragen. Jede Form von Gewalt in Sprache oder Handeln fügt dem Kind nicht wiedergutzumachenden Schaden zu. Eine andere abweichende Sensitivität ist eine Folge der ruhigen, doch entschlossenen Bemühung eines Erwachsenen, äußere Bekundungen von Kindern zu unterdrücken. Mütter, die sich ein sogenanntes gutausgebildetes Kindermädchen leisten können, sollten sich besonders vor dessen Neigung in acht nehmen, zu sagen: »Tu dies nicht!« – »Das darfst du nicht.« Diese Art Erziehung führt zu dem Ergebnis, dass eine Art Sprachbehinderung unter Aristokraten sehr verbreitet ist, denen es nicht an körperlichem Mut mangelt, die aber in ihrer Sprache peinlich zögern oder stottern.

Manch sinnlose Furcht und nervöse Angewohnheit bei Erwachsenen lassen sich jetzt zurückführen auf irgendeine Gewalt, die der kindlichen Empfindlichkeit zugefügt wurde. Daher ist es wichtig für die Menschheit, dass dieser Zeitabschnitt im Leben des Kindes eingehend untersucht wird. Der Lehrer sollte die Reise auf diesem Entdeckungspfad antreten und den Geist des Kindes zu ergründen versuchen, so wie der Psychoanalytiker das Unbewusste des Erwachsenen ergründet. Ein Dolmetscher wird für das Kind und seine Sprache gebraucht, und nach meiner eigenen Erfahrung in dieser Hinsicht laufen Kinder gespannt zu ihrem Dolmetscher, da sie begreifen, dass sie dort Hilfe finden können. Solch gespannter Eifer ist etwas ganz anderes als die flüchtige Zuneigung, die ein gehätscheltes und liebkostes Kind erwidert; der Dolmetscher ist für das Kind eine große Hoffnung, da er ihm eine von der Welt verschlossene Tür öffnet. Zu einem solchen Helfer wird eine sehr enge Beziehung hergestellt, mehr als Zuneigung, denn er gibt Hilfe und nicht nur Trost.

Anmerkung

[1] llora = (er, sie, es) weint

Der Beginn des Unterrichts / Schreiben – Lesen

Einmal kam eine Abordnung von zwei oder drei Müttern mit der Bitte zu mir, ich möge ihren Kindern Lesen und Schreiben beibringen.

Diese Mütter waren Analphabetinnen; und als ich ablehnte (dergleichen lag zu weit von meinem Aufgabenkreis ab), beschworen sie mich beharrlich weiter.

Von da an ereigneten sich die überraschendsten Dinge. Ich beschränkte mich darauf, den Kindern von vier und fünf Jahren ein paar Buchstaben des Alphabets zu zeigen, die ich von der Lehrerin in Karton ausschneiden ließ[1]. Ferner ließ ich diese Buchstaben auch aus Schmirgelpapier schneiden, damit die Kinder ihre Form mit den Fingerspitzen befühlen konnten[2], und schließlich legte ich einige Tabellen an, auf denen ich die Lettern nach ihrer Ähnlichkeit gruppierte, damit die Bewegung der sie abtastenden Kinderhände möglichst gleichförmig erfolge. Die Lehrerin war mit diesen primitiven Anfängen durchaus zufrieden und hielt sich daran.

Was wir nicht begriffen, war die Begeisterung der Kinder. Sie veranstalteten richtige Prozessionen, trugen dabei die ausgeschnittenen Buchstaben wie Standarten voran und stießen Freuden-Schreie aus. Warum?

Einmal überraschte ich einen kleinen Jungen dabei, wie er im Gehen vor sich hinsprach: »Für Sofia braucht man ein S, ein O, ein F, ein I und ein A«, womit er also die Buchstaben des Wortes einzeln aufzählte. Offenbar war er damit beschäftigt, im Geiste ein Wort in seine Bestandteile zu zerlegen: Mit dem tiefen Interesse eines Menschen, der eine wichtige Entdeckung gemacht hat, hatte er festgestellt, dass jeder dieser Laute einem Buchstaben des Alphabets entsprach. Und in der Tat, was ist denn die Buchstabenschrift anderes als die Herstellung einer Korrespondenz zwischen Zeichen und Lauten? Die Sprache an sich ist die gesprochene, und die geschriebene ist nichts weiter als eine wahrhaft »buchstäbliche« Übersetzung. Jeder wesentliche Fortschritt in der Kunst des Schreibens beruht darauf, dass sich diese beiden »Sprachen« von einem bestimmten Punkt an parallel entwickeln. Die geschriebene Sprache träufelt zunächst gleichsam in einzelnen Tropfen aus der gesprochenen, bis sich schließlich ein zusammenhängender Wasserlauf von Worten und Sätzen bildet.

Schreiben ist ein geheimnisvoller Schlüssel, der, einmal entdeckt, doppelten Reichtum gewährt: Es erlaubt der Hand, eine fast unbewusste vitale Arbeit zu meistern, die der gesprochenen Sprache, und eine neue Sprache zu schaffen, die jene in allen Einzelheiten spiegelt. Hand und Geist werden so in gleichem Maße bereichert. Die Hand gibt einen kräftigen Anstoß, und jene Tropfen werden zum Wasserfall. Das ganze Sprachvermögen nimmt dann eine geradezu überstürzte Entwicklung, es ist wie ein Wasserlauf, ja ein Wasserfall von Worten.

Steht erst einmal ein Alphabet fest, so ergibt sich so die geschriebene Sprache logisch daraus als eine natürliche Folge. Daher muss die Hand lernen, die Schriftzeichen nachzuziehen. Da die Buchstaben des Alphabets einfache Symbole sind und nie Figürliches darstellen, sind sie sehr leicht zu zeichnen. Über dies alles hatte ich jedoch nicht nachgedacht, als sich in unserem »Kinderhaus« das größte Ereignis seiner Geschichte abspielte.

Eines Tages nämlich begann ein Kind zu schreiben. Es war darüber selber dermaßen erstaunt, dass es laut zu rufen begann: »Ich hab' geschrieben! Ich hab' geschrieben!« Und die anderen Kinder liefen herbei, umdrängten das erste und bestaunten die Worte, die dieses mit einem Stückchen weißer Kreide auf den Fußboden geschrieben hatte. »Ich auch! Ich auch!« riefen andere und liefen davon. Sie suchten nach Schreibmaterial, einige drängten sich um die Klassentafel, andere streckten sich der Länge nach auf dem Boden aus, und so brach die geschriebene Sprache in einer Art Explosion hervor.

Die unermüdliche Tätigkeit dieser Kinder ließ wirklich an einen Wasserfall denken. Sie schrieben überall, auf die Türen, auf die Mauern und sogar daheim auf die Brotlaibe. Sie waren etwa vier Jahre alt. Dieses Aufbrechen des Schreibvermögens vollzog sich als unerwartetes Ereignis. Die Lehrerin sagte mir etwa: »Dieser Junge hat gestern um drei Uhr zu schreiben begonnen.«

Wir standen betroffen wie vor einem Wunder. Als wir den Kindern jedoch Bücher in die Hand gaben (und viele Leute, die von der Sache gehört hatten, brachten wunderschöne illustrierte Bücher), wurden diese mit Kälte aufgenommen. Gewiss, die Bilder darin waren schön, aber sie lenkten von der begeisternden Beschäftigung ab, auf die sich die Seelen dieser Kinder völlig konzentriert hatten: der Schrift. Vielleicht hatten sie nie zuvor Bücher gesehen, und wir bemühten uns lange Zeit, ihr Interesse darauf zu lenken. Es war nicht einmal möglich, ihnen begreiflich zu machen, was Lesen sei. So räumten wir alle Bücher wieder weg und warteten auf günstigere Zeiten. Die Kinder lasen nicht einmal Handgeschriebenes. Nur selten interessierte eines sich dafür, zu lesen, was ein anderes geschrieben hatte, ja es hatte den Anschein, als könnten sie dies gar nicht. Viele Kinder wandten sich erstaunt nach mir um, wenn ich laut die Worte las, die sie geschrieben hatten, so als wollten sie fragen: »Woher weißt du denn das?«

Erst etwa sechs Monate später begannen sie zu begreifen, was Lesen bedeutete, und auch dann nur in Verbindung mit dem Schreiben. Die Kinder mussten mit den Augen die Bewegung meiner Hand verfolgen, wenn ich Zeichen auf das weiße Papier schrieb, um sich die Vorstellung anzueignen, dass ich auf diese Weise meine Gedanken ausdrückte, ganz so als ob ich spräche. Kaum aber war ihnen dies klargeworden, da bemächtigten sie sich der Blätter, auf denen ich geschrieben hatte, zogen sich damit in irgendeinen stillen Winkel zurück und versuchten zu lesen – im Geist, ohne einen einzigen Laut hervorzubringen. Wenn sie begriffen hatten, so sah man das an dem Lächeln, das sich über ihre vor Anstrengung verkrampften Gesichtchen breitete, und man sah es an dem kleinen Sprung, mit dem sie sich in Bewegung setzten und der durch eine verborgene Feder veranlasst zu sein schien. Denn jeder der von mir geschriebenen Sätze war ein Befehl, etwa »Mach das Fenster auf« oder »Komm zu mir«. So nahm das Lesen seinen Anfang, und es entwickelte sich in der Folge bis zum Aufnehmen langer Sätze, die Befehle zu komplizierten Handlungen enthielten. Offenbar verstanden die Kinder jedoch die geschriebene Sprache lediglich als eine andere Art, sich auszudrücken, als eine andere Form der gesprochenen Sprache von Person zu Person.

Tatsächlich geschah es, wenn Besuche bei uns erschienen, dass viele von den Kindern, die früher mit gesprochenen Begrüßungen beinahe des Guten zu viel getan hatten, jetzt kein Wort sprachen. Dafür erhoben sie sich, gingen zur Tafel und schrieben darauf Sätze wie: »Bitte nehmen Sie Platz! Danke für den Besuch!« und dergleichen.

Einmal war in der Schule von der Erdbebenkatastrophe die Rede, die soeben die ganze Stadt Messina zerstört und Hunderttausende von Opfern gefordert hatte[3]. Ein etwa fünfjähriger Junge erhob sich, trat an die Tafel und begann zu schreiben. Er fing mit den Worten an: »Ich bin traurig …«, und wir vermuteten, er wolle seiner Betrübnis über das Unglück Ausdruck geben. Aber was er schließlich schrieb, war folgendes: »Ich bin traurig, dass ich so klein bin.« Seltsamer Gedanke! Wie überrascht waren wir jedoch, als er fortfuhr: »Wenn ich groß wäre, würde ich hingehen und mithelfen.« Dieser kleine Junge hatte einen richtigen kleinen Aufsatz geschrieben und zugleich sein gutes Herz offenbart. Er war der Sohn einer Frau, die ihn unterhielt, indem sie mit einem Korb den Tag über auf der Straße herumzog und Kräuter verkaufte.

Später ereignete sich wieder etwas Überraschendes. Während wir noch dabei waren, Unterrichtsmaterial zur Einführung der Druckbuchstaben[4] herzustellen und es nochmals mit den Büchern zu versuchen, fingen die Kinder an, alles Gedruckte zu lesen, was sie in der Schule finden konnten, darunter ein paar wirklich schwierige Texte, wie etwa den eines Kalenders in gotischen Lettern. Gleichzeitig kamen die Eltern zu uns und berichteten, die Kinder blieben auf der Straße stehen, um die Ladenschilder zu lesen, und man könne überhaupt nicht mehr mit ihnen spazieren gehen. Dabei interessierten sich die Kinder offenbar nur für das Entziffern der Schriftzeichen als solcher, nicht aber für die Worte. Sobald sie eine ihnen neue Schriftart sahen, wollten sie sie kennenlernen, indem sie den Sinn der Worte errieten. Es war dies eine Anstrengung der Intuition, vergleichbar der des Forschers, der in Stein gehauene prähistorische Schriftzeichen so lange studiert, bis ihm eine sinnvolle Textdeutung beweist, dass er die unbekannten Zeichen richtig verstanden hat. Damit zu vergleichen war wohl die Leidenschaft, die in unseren Kindern aufgebrochen war.

Eine allzu große Eile unsererseits im Erklären der Druckbuchstaben hätte dieses Interesse und diesen Eifer im Erraten nur dämpfen können. Auch unzeitgemäßes Bestehen auf Üben des Lesens von Wörtern in Büchern hätte eine negative Hilfe bedeutet und um eines nebensächlichen Zweckes willen die Energie dieser tatendurstigen Gemüter herabgemindert. So blieben die Bücher noch eine Zeit in den Schränken. Erst später traten die Kinder in Beziehung zu Büchern, und zwar begann dies mit einem interessanten Vorkommnis. Einmal erschien ein Kind sehr aufgeregt in der Schule und hielt in der Hand ein zerknittertes Stück Papier: »Rate einmal, was in diesem Stück Papier ist!« sagte es zu einem Kameraden. »Nichts. Das ist ein Fetzen Papier.« – »Nein, das ist eine Geschichte!« – »Eine Geschichte? Da drin?« Diese Behauptung zog eine Schar von Kindern an. Der kleine Junge hatte das Blatt auf einem Abfallhaufen gefunden. Und er begann zu lesen, las die Erzählung vor …

Damit begriffen die Kinder plötzlich die Bedeutung von Büchern, und von jetzt an herrschte stürmische Nachfrage nach solchen. Viele Kinder freilich, die eine interessante Lektüre gefunden hatten, rissen das betreffende Blatt heraus, um es sich heimzutragen. Diese Bücher! Die Entdeckung ihres Wertes übte eine überwältigende Wirkung aus, die sogar die gewohnte friedliche Ordnung unseres Zusammenlebens zu gefährden drohte. Es war nicht ganz leicht, diese bebenden Händchen, die aus Liebe Zerstörungen anrichteten, wieder zu disziplinieren. Noch ehe sie dahin gelangten, Bücher zu lesen und zu respektieren, hatten es unsere Kinder mit einiger Nachhilfe bereits in der Rechtschreibung und im Schönschreiben so weit gebracht, dass sie mit Schülern der dritten Elementarschulklasse auf dieselbe Stufe gestellt wurden.

Anmerkungen

[1] Ich nannte dabei den phonetischen Laut des Buchstabens, nicht seinen alphabetischen Namen.

[2] Gemeint sind die »Sandpapierbuchstaben«.

[3] 1908 ereignete sich bei Messina (Sizilien) ein verheerendes Erdbeben. Sechzig aus den Trümmern geborgene Waisenkinder wurden in das Montessori-Kinderhaus in der Via Gusti in Rom aufgenommen, wo sie ihre Lebensfreude wiedererlangten (vgl. Montessori, Maria: MMGW Bd. 1, S. 49).

[4] Gemeint ist das »Bewegliche Alphabet«.

Die Analyse
des
Schreibens

Bei den üblichen Methoden, das Schreiben zu lehren, verwendet man ein Verfahren, bei dem die alphabetischen Zeichen aufgezeichnet werden. Dabei fängt man mit ihren Bestandteilen, den Strichen und Kurven, an und gelangt nach und nach dahin, die verschiedenen Buchstaben aufzuzeichnen, von den vermutlich einfachsten bis hin zu denen, welche man für die schwierigsten hält. Man nimmt also eine Analyse der alphabetischen Zeichen vor. Bei unserer Methode sieht man jedoch von einer solchen äußeren Betrachtungsweise ab. Anstatt die alphabetischen Zeichen zu analysieren (den Gegenstand), werden die unterschiedlichen Bewegungen analysiert, welche die Hand beim Schreiben ausführen muss. So entfalten sich mit interessanten und unterhaltsamen Übungen, die gleichwohl nicht das Schreiben sind, die verschiedenen Bewegungsbestandteile getrennt. Es handelt sich also um eine Methode, die das Kind auf indirekten Wegen zum Schreiben führt.

Der Kernpunkt dieser Methode liegt in der Vorbereitung der Person. Wenn die Person indirekt darauf vorbereitet wird, alle für das Schreiben notwendigen Bewegungen auszuführen, stellt das Schreiben keine Schwierigkeit mehr dar. Die Notwendigkeit der künstlichen und qualvollen Vorgehensweisen, die man in fast allen Schulen noch anwendet, wird dadurch hinfällig.

Die Idee zur indirekten Vorbereitung der motorischen Fähigkeiten kam mir, während ich ein geistig zurückgebliebenes zwölfjähriges Mädchen beobachtete, das zwar über eine normale Bewegungsfähigkeit und Kraft der Hand verfügte, dem aber das Nähen nicht gelang, obwohl ihm der einfachste Stich dieser Tätigkeit, das Reihen, immer wieder gezeigt wurde. Das Reihen besteht darin, die Nadel nacheinander von unten nach oben und von oben nach unten durch den Schussfaden eines Stoffes zu führen, wobei man wenige Fäden aufnimmt und fallen lässt. Ich bot dem Mädchen die Fröbelschen[1] Webarbeiten an, die darin bestehen, einen schmalen Papierstreifen quer zwischen anderen oben und unten an einem Webrahmen befestigten Papierstreifen hindurchzuführen. Als das Mädchen in der Lage war, diese Webarbeiten zu machen, unterwies ich sie wieder im Nähen und stellte fest, dass sie ohne Probleme nähen konnte und Gefallen daran fand. Die Bewegung der Hand war für das Nähen vorbereitet worden, *ohne zu nähen.*

Man kann auch auf andere Bewegungen indirekt vorbereiten. Man kann eine große Meisterschaft bei der Ausführung einer Arbeit erlangen, ohne diese Arbeit direkt gemacht zu haben, und sie dann fast vom ersten Versuch an mit der größten Perfektion durchführen. Es ist nur logisch, dass die Vorbereitung auf eine bestimmte Tätigkeit nicht darin bestehen kann, diese selbst auszuführen. Das, was als Vorbereitung bezeichnet wird, kann nicht identisch sein mit dem, worauf man vorbereitet werden soll. So bereitet sich das Kind z. B. natürlicherweise durch das Saugen auf das Essen vor und auf das Gehen, indem es über den Boden krabbelt und erste Schritte macht. Wenn es ihm eines Tages gelingt, das Gleichgewicht zu halten, dann nicht, weil es das Gehen selbst vorher geübt hat, sondern weil es jene Vorbereitung des Organismus gemacht hat, die zum Gehen erforderlich ist.

Die Zeit der Vorbereitung

Es ist also eine neue Aufgabe der Erziehung, welche bisher noch unberücksichtigte Wege zur Unterstützung der Entwicklung des Kindes eröffnet. Ihre Anwendung auf das Schreiben ist eine unmittelbare Konsequenz. In der Tat, nachdem die

kleinen normalen Kinder die Umrisse der geometrischen Figuren der flachen Einsätze betastet
hatten, blieb nichts anderes übrig, als sie auch die
Figuren der Buchstaben des Alphabets betasten zu
lassen, um ihre Hände darauf vorzubereiten, diese
aufzuzeichnen.

Die Faktoren des Schreibens, die vorbereitet werden, ohne zu schreiben

Wir wollen jetzt über eine Analyse der Faktoren
des Schreibens berichten. Das Schreiben birgt eine
Reihe von Schwierigkeiten, die sich gesondert in
Gruppen zusammenfassen und mit verschiedenen
Übungen überwinden lassen. Es bietet einige rein
mechanische Schwierigkeiten bei der Ausführung,
z. B. das Halten der Feder oder jedes anderen
Schreibgerätes, und im Aufzeichnen der Zeichen
des Alphabets. Andere Schwierigkeiten hingegen
hängen mit dem Verstand zusammen, der aus
den graphischen Zeichen die Wörter erkennen
muss, welche gedankliche Inhalte vermitteln.
Wenn man alle Probleme in die skizzierten drei
Faktoren gruppiert, kann man sie mit folgenden
unterschiedlichen Materialien und Übungen lösen:

1. Ein spezielles *Zeichnen*, welches das Ziel hat, die Hand für das Halten jeglicher Schreibgeräte beweglich zu machen und ihre Bewegungen innerhalb verschiedener Bereiche zu halten. Mit dieser Vorbereitung der Hand wird es gleichgültig, ob auf breiten oder engen Linien geschrieben werden soll.

2. Eine Übung besteht im *Berühren* von Buchstaben des Alphabets aus Sandpapier mit dem Zeige- und Mittelfinger der rechten Hand. Diese Übung festigt im Arm und in der Hand jene Bewegungen, die für das Schreiben der alphabetischen Zeichen notwendig sind, welche Form sie auch haben mögen. Dadurch werden in der Praxis die künstlichen abgestuften Schwierigkeiten der ersten Schreibversuche beseitigt.

3. Eine Übung besteht darin, Wörter mit Hilfe eines beweglichen Alphabets zusammenzusetzen. Dabei handelt es sich um eine Arbeit des Vergleichens und Behaltens, die von motorischen Mechanismen des Schreibens völlig unabhängig ist. In der Tat macht die Hand nichts anderes, als die Buchstaben aus den Kästen zu nehmen und sie auf eine Tischoberfläche oder auf einen auf dem Boden ausgebrei-

teten Teppich zu legen. Diese Übung hilft sehr, die orthographischen Schwierigkeiten zu überwinden.

Dies alles: eine *bewegliche Hand*, eine *schöne Handschrift*, eine *korrekte Orthographie*, lässt sich perfekt erreichen, *ohne zu schreiben*.

I. Übungen zur Führung des Schreibinstruments[2]

Unter dem Entwicklungsmaterial gibt es zwei schräg geneigte Holzbretter, auf denen jeweils vier[3] lose rosafarbene Metallrahmen liegen. In jedem davon ist eine blaue geometrische Figur eingesetzt, ähnlich wie die geometrischen Einsatzfiguren, ausgestattet mit einem kleinen Knopf zum Herausnehmen aus dem Rahmen (Abb. 1).

Zusammen mit diesem Material verwenden wir eine Schachtel mit zehn Buntstiften und ein kleines Album mit Zeichnungen, das ich nach vielen Versuchen und Beobachtungen von Kindern erstellt habe. Deswegen sind sie abgestuft und enthalten zunächst Kombinationen von geometrischen Figuren und dann Figuren und Landschaften. Ich habe die Zeichnungen nach dem Gebrauch, den die Kinder davon gemacht haben, ausgewählt und abgestuft.

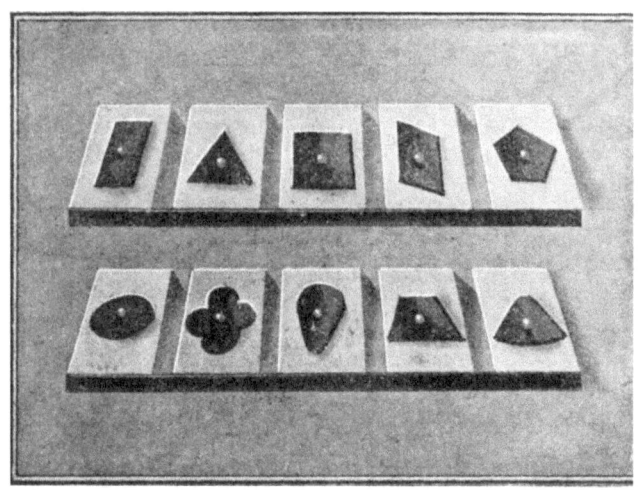

Abb. 1: Schräge Bretter zum Ausstellen des Satzes
der metallenen Einsätze

Vorgehensweise beim Zeichnen mit den Einsätzen

Die beiden Bretter werden in einer Reihe nebeneinander gelegt und darauf acht[4] vollständige
»Einsätze«, d. h. die Rahmen mit den geometrischen Einsatzfiguren. Dem Kind gibt man ein wei-
ßes Blatt Papier und ein paar Buntstifte. Es wird
dann einen der acht Einsätze auswählen, die in
einer Reihe in bestimmter Entfernung zu ihm angeordnet sind.

Man wird das Kind nach folgender Vorgehensweise unterweisen: Es legt den Rahmen des metallenen Einsatzes auf das Blatt Papier, hält ihn mit einer Hand fest und folgt mit dem Buntstift in der anderen dem inneren Rand dieser geometrischen Figur. Dann entfernt es den quadratischen Rahmen und findet, dass es auf dem Papier eine geschlossene geometrische Figur aufgezeichnet hat: ein Dreieck, einen Kreis, ein Sechseck etc. Das Kind hat bislang noch keine neue Übung gemacht, weil es all diese Bewegungen bereits ausgeführt hatte, als es die geometrischen Figuren aus Holz *berührte*. Der einzige neue Aspekt der gegenwärtigen Übung ist, dass es den Umrissen der Figuren nicht mit seinen Fingern folgt, sondern mit dem Buntstift. Das Kind *zeichnet* also – es *hinterlässt eine Spur* seiner Bewegung.

Das Kind findet diese Übung einfach und sehr interessant, und genauso wie es verfuhr, als es das erste Mal den Umrissen folgte, legt es jetzt zur Bestätigung das blaue geometrische Metallstück, das seiner Zeichnung entspricht, darauf. Diese Übung gleicht derjenigen sehr, die das Kind bereits gemacht hat, als es die geometrischen Holzfiguren auf die Kartons mit den Zeichnungen der dritten Reihe legte, bei der die Figuren nur durch eine einfache Umrisslinie dargestellt waren.[5] Dieses Mal aber nimmt das Kind, wenn es die Form auf die Umrisslinie gelegt hat, *einen anderen Buntstift* und zeichnet erneut den Umriss der blauen Metallfigur. Wenn es diese hochhebt und die Zeichnung sauber ausgeführt ist, findet es auf dem Papier eine geometrische Figur, die zwei farbige Umrisslinien aufweist. Bei einer guten Auswahl der Farben ist das Ergebnis sehr anziehend, und das Kind, das bereits einen beachtlich ausgebildeten Farbsinn hat, ist sehr daran interessiert.

Diese Übungen können als unnötige Kleinigkeiten erscheinen, aber es ist sicher, dass sie alle in der Praxis fehlen würden. Wenn der Lehrer z. B. die acht metallenen Einsätze, anstatt sie in einer Reihe aufzustellen, an die Kinder verteilt, ohne sie alle zu zeigen, sind die Übungen sehr eingeschränkt. Wenn man sie ihnen hingegen vorher zeigt, verspüren sie den Wunsch, sie alle nacheinander zu zeichnen und die Anzahl der Übungsmöglichkeiten kann sich vervielfachen. Die beiden farbigen Umrisslinien erwecken in dem Kind den Wunsch, andere Farbkombinationen zu suchen und so den Versuch zu wiederholen. Die Vielfalt der Gegenstände und der Farben ist daher ein *Ansporn* zur Arbeit, der uns zum erfolgreichen Ende führt.

Hier beginnt die Bewegung, die tatsächlich auf den Beginn des Schreibens vorbereitet. Wenn das Kind die Figur in ihren doppelten Rändern (dem der Öffnung und dem des Einsatzes) gezeichnet hat, nimmt es den Stift, als wäre er eine Schreibfeder, und es füllt die Figur mit Strichen von oben nach unten, bis es die Figur komplett ausgemalt hat. Auf diese Weise entsteht auf dem Papier eine Figur, die denen der Kärtchen der ersten Reihe ähnlich ist, aber in verschiedenen Farben wiederholt. Am Anfang füllt das Kind die Figuren irgendwie aus, ohne auf die Grenzlinien zu achten. Es zeichnet unregelmäßige Linien, die nicht parallel zueinander verlaufen. Nach und nach jedoch wird die Zeichnung immer besser, sie bleibt innerhalb der Umrisslinien, die Linien werden immer feiner, immer dichter, und paralleler.

Wenn das Kind einmal mit diesen Übungen begonnen hat, möchte es gerne damit fortfahren. Es zeichnet immer wieder die Umrisse von Figuren und füllt sie mit Strichen aus. Jedes Kind wird so zum Besitzer einer bedeutenden Anzahl von Zeichnungen, die in einem eigenen Kästchen aufbewahrt werden. Auf diese Weise organisiert es die Bewegung des Schreibens, die für das Kind mit der Handhabung des Stiftes beginnt. Diese

Bewegung wird bei den herkömmlichen Methoden durch die alten Striche ersetzt oder mühevolle Anstrengungen für das Schreiben, die primitiv und ohne jede Vorbereitung sind.

Die Umrisszeichnungen

Die Organisation dieser Bewegung, die mit der manuellen Führung durch ein Metallstück beginnt, ist noch unvollkommen. Das Kind geht daher nun zum Ausfüllen der vorbereiteten Zeichnungen in seinem kleinen Album über. Sie werden eine nach der anderen herausgenommen, in der Reihenfolge, in der sie abgeheftet sind, und das Kind füllt sie wie zuvor mit Buntstiften aus. Hier ist die Wahl der Farben eine weitere intelligente Betätigung, die das Kind dazu ermutigt, noch mehr Übungen zu machen. Es sucht die Farben selbstständig und häufig mit viel Geschmack aus. Die Zartheit der Farbtöne, die es auswählt, und die Harmonie, mit der es sie in diese Zeichnungen einfügt, zeigen uns, dass der verbreitete Glaube falsch ist, Kindern würden *grelle und kräftige Farben* gefallen. Dies ist lediglich Ergebnis der Beobachtungen von *Kindern ohne vorhergehende*

Erziehung, die den starken und rohen Eindrücken in einer für sie unangemessenen Umgebung überlassen wurden.

Die Erziehung des Farbsinns führt zu einer Verfeinerung der Sinne, welche die Bewegung der Hand belebt und sie auf das Schreiben vorbereitet.

Die Zeichnungen tragen selbst dazu bei, auf verschiedenste Weise die *Länge* der Linien *zu beschränken*, mit der sie auszufüllen sind. Das Kind muss Zeichnungen von geometrischen Figuren ausfüllen, sowohl große als auch kleine, Entwürfe für einen Fußboden oder Blumen und Pflanzen oder verschiedene Details eines Tieres oder einer Landschaft. Auf diese Weise gewöhnt sich die Hand von allein daran, nicht nur allgemeine Tätigkeiten auszuführen, sondern die Bewegung innerhalb verschiedener Begrenzungen zu halten.

Das Kind bereitet sich also darauf vor, ohne Unterschied mit einer großen oder kleinen Handschrift zu schreiben. Zweifellos wird das Kind dann später gut schreiben können, sowohl auf den breiten Linien einer Tafel als auch auf den schmalen, eng beieinander liegenden Linien eines Heftes, das üblicherweise von viel älteren Kindern gebraucht wird.

II. Übung für das Schreiben der Zeichen
des Alphabets[6]

Wenn das Kind im Zeichnen fortgeschritten ist,
gibt man ihm einige sehr glatte Kärtchen aus dün-
nem Karton, auf denen Buchstaben aus Sandpapier aufgeklebt sind.

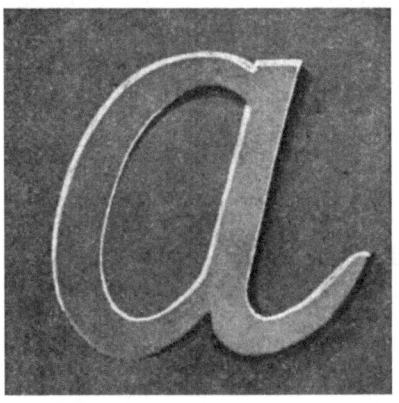

Abb. 2: Einzelner Sandpapierbuchstabe

Es gibt auch große Kartons, auf denen mehrere
Buchstaben aufgeklebt sind, die nach der Ähnlichkeit ihrer Form in Gruppen zusammengestellt
sind (Abb. 3). Die Kinder müssen nun diese alphabetischen Zeichen »mit ihren Fingern *berühren*«,
als ob sie schreiben würden. Sie berühren sie mit
der Kuppe ihres Zeige- und des Mittelfingers, in

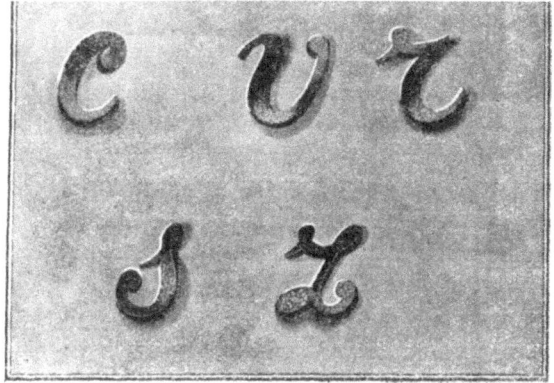

Abb. 3: Gruppen von Sandpapierbuchstaben

der gleichen Weise, wie sie die flachen Holzeinsätze berühren, und mit angehobener Hand wie bei der behutsamen Berührung der glatten und rauen Oberflächen.

Der Lehrer selbst berührt die Buchstaben, um dem Kind zu zeigen, wie man die Bewegung ausführen muss. Wenn das Kind mit den Holzeinsätzen in hinreichendem Maße geübt hat, *ahmt es* den Lehrer *leicht* und gerne nach. Ohne die vorherige Praxis jedoch kann die Hand des Kindes den Buchstaben nicht genau folgen. Das macht die Bedeutung einer *frühen motorischen Vorbereitung für das Schreiben* verständlich und zeigt die gewaltige Anstrengung, die wir den Kindern zumuten, wenn wir sie sofort und ohne eine vorhergehende motorische Erziehung der Hand schreiben lassen.

Das Kind im Alter von vier bis viereinhalb Jahren hat viel Freude daran, die Buchstaben aus Sandpapier zu berühren.

Die Lektionen[7]

Während das Kind einen Buchstaben berührt, spricht der Lehrer seinen Laut aus. Für die Lektion verwendet er die üblichen drei Stufen. Wenn er dem Kind beispielsweise die beiden Vokale *i* und *o* vorstellt, lässt er es die Buchstaben langsam und genau berühren und dabei deren jeweilige

Laute wiederholen, während das Kind sie berührt, *i, i, i! o, o, o!* Dann fordert er das Kind auf: »Gib mir das *i!*« »Gib mir das *o!*«

Schließlich kommt die Frage: »Was ist das?« Auf diese Frage antwortet das Kind: »*i*« »*o*«. Man fährt für alle anderen Buchstaben in der gleichen Weise fort, nur nennt man im Fall der Konsonanten nicht den Namen der Buchstaben, sondern nur deren Laut. Das Kind berührt dann von selbst die Buchstaben mehrmals hintereinander, sowohl auf den separaten Kärtchen als auch auf den großen Kartons, auf denen sich mehrere von ihnen befinden, und auf diese Weise festigt es die Bewegungen, die für das Aufzeichnen der Buchstaben notwendig sind. Gleichzeitig bekommt es eine visuelle Vorstellung der Buchstaben. Dieses Vorgehen bildet die erste Vorbereitung nicht nur auf das Schreiben, sondern auch auf das Lesen. Denn es ist klar, dass das Kind beim Berühren der Buchstaben die Bewegung ausführt, die auch für deren Schreiben notwendig ist, und beim Erkennen der Buchstaben gleichzeitig das Alphabet liest.

Das Kind hat so alle Bewegungen vorbereitet, die zum Schreiben erforderlich sind. Deswegen *kann es schreiben.* Diese wichtige Eroberung ist das Ergebnis einer langen inneren Bildung, deren

Abb. 4: Kasten mit beweglichen Buchstaben

sich das Kind nicht bewusst ist. Aber es wird der Tag kommen – sehr bald –, an dem das Kind schreiben wird, und es wird ein Tag der großen Überraschung für das Kind sein, weil es den wunderbaren Ertrag einer unbewussten Saat ernten wird.

Beim Alphabet handelt es sich um bewegliche Buchstaben, die aus glattem Farbkarton ausgeschnitten sind und in einem besonderen Kasten mit Fächern aufbewahrt werden. Sie dienen zum Zusammensetzen der Wörter (Abb. 4). In einer phonetischen Sprache wie dem Spanischen reicht es aus, die unterschiedlichen Laute, aus denen sich das Wort zusammensetzt, deutlich auszusprechen

(z. B. m-a-n-o, dt. Hand), damit das Kind, dessen Ohr bereits *geschult* ist, jeden einzelnen Laut, aus dem das Wort besteht, erkennen kann. Es sucht dann im beweglichen Alphabet, welche Zeichen dem jeweiligen Laut entsprechen, und legt sie nebeneinander. Auf diese Weise setzt es das Wort zusammen. Allmählich erlangt es die Fähigkeit, das Gleiche mit Wörtern zu machen, die es selbst denkt. Es wird ihm gelingen, die Wörter in ihre einzelnen Laute zu zerlegen und sie in eine Reihe von Zeichen zu übertragen. Wenn das Kind das Wort auf diese Weise zusammengesetzt hat, weiß es auch, wie man sie liest. Bei dieser Methode führen daher alle unterschiedlichen Vorgänge zum Schreiben und Lesen.

Wenn die Sprache nicht phonetisch ist, kann der Lehrer besondere Wörter mit dem beweglichen Alphabet bilden und sie dann aussprechen. Er lässt das Kind selbstständig die Übung wiederholen, die Wörter wieder zusammensetzen und lesen.

Bei dem Material gibt es zwei bewegliche Alphabete. Eines davon besteht aus großen Buchstaben und ist auf zwei Kästen verteilt, von denen beide die Vokale enthalten. Dieses Alphabet verwendet man für die ersten Übungen, bei denen das Kind große Zeichen benötigt, um die Buchstaben wieder zu erkennen. Sobald es die Hälfte der Konsonanten kennt, kann es beginnen, Wörter zusammenzusetzen, soweit dafür nur ein Teil des Alphabets ausreicht.

Das andere bewegliche Alphabet hat kleinere Buchstaben und ist in einem einzigen Kasten untergebracht. Man gibt dieses Alphabet den Kindern, die bereits ihre ersten Versuche im Bereich der Wortbildung gemacht haben und die bereits das gesamte Alphabet kennen.

Nach solchen Übungen mit dem beweglichen Alphabet ist das Kind bereits in der Lage, ganze Wörter zu schreiben. Dieses Phänomen tritt im Allgemeinen unerwartet auf, und so schreibt ein Kind, das noch nie zuvor einen Buchstaben zu Papier gebracht hat, mehrere Wörter nacheinander. Dieses spontane Phänomen hat häufig einen explosiven Charakter. Von diesem Augenblick an fährt das Kind fort zu schreiben, und es verbessert sich dabei allmählich immer mehr.

Dieses spontane Schreiben hat den Charakter eines jeden natürlichen Phänomens, und das Kind, das begonnen hat, das erste Wort zu schreiben, wird mit dem Schreiben fortfahren; genauso wie bei der Sprache: nachdem es das erste Wort gesagt hat, wird es weiter sprechen, und beim Gehen:

nachdem es den ersten Schritt gemacht hat, wird es weiter gehen. Der Weg der inneren Bildung, auf dem auch das Phänomen des Schreibens auftritt, ist auch der Weg seines zukünftigen Fortschritts, seines Wachsens bis hin zur Perfektion.

Das Kind, das auf diese Weise vorbereitet wurde, hat einen Weg der Entwicklung eingeschlagen, auf dem es sicher voranschreiten wird, genauso wie auch das Wachstum des Körpers und die Entwicklung der natürlichen Funktionen auf ihrem Weg der Entwicklung voranschreiten, wenn das Leben sich gefestigt hat.

Für das interessante und komplexe Phänomen der Entwicklung des Schreibens und dann auch des Lesens siehe meine umfangreicheren Werke. Aus meinem Werk »Die Methode der wissenschaftlichen Erziehung, angewandt auf die Erziehung des Kindes in den Kinderhäusern« habe ich folgende Beschreibung entnommen.

Die Begeisterung, die durch das Schreiben hervorgerufen wird[8]

»Es war ein winterlicher sonniger Dezembertag, und wir stiegen mit den Kindern auf die Terrasse.

Sie spielten und liefen dabei ungezwungen herum, einige hatten sich um mich geschart. Ich saß neben einem Kaminrohr und sagte zu einem Fünfjährigen neben mir, dem ich ein Stück Kreide anbot: »Zeichne diesen Kamin.« Folgsam kauerte er nieder und zeichnete den Kamin auf den Boden, der gut zu erkennen war. Deshalb ließ ich mich in Lobpreisungen darüber aus; so halte ich es immer bei den Kleinen.

Der Kleine sah mich an, lächelte, blieb einen Augenblick stehen, als sei er nahe daran, vor Freude zu explodieren, dann rief er: »Ich schreibe, ich schreibe!« und, auf den Boden gebeugt, schrieb er *mano* (Hand), und weiter, von Begeisterung gepackt: *camino* (Kamin), dann *tetto* (Dach). Während er dies tat, hörte er nicht auf zu rufen: »Ich schreibe! Ich kann schreiben!«, und zwar so laut, dass daraufhin die anderen Kinder angerannt kamen, einen Kreis um ihn bildeten und verblüfft zusahen. Zwei oder drei sagten mir ganz aufgeregt: »Die Kreide, ich schreibe auch« und begannen in der Tat verschiedene Wörter zu schreiben: *mamma, mano, gino, camino, ada*. Keines der Kinder hatte vorher ein Stück Kreide oder sonst ein Schreibgerät in die Hand genommen; sie schrieben zum *ersten Mal* …

Diese ersten Tage waren wir ganz aufgewühlt, da uns schien, als hätten wir teil an wunderbaren Dingen. Das Kind, welches sein erstes Wort schrieb, ...[9] rief alle zum Schauen herbei, und wenn einer nicht kam, packte er ihn an den Kleidern und zog ihn so herbei. Alle mussten kommen und sich um das geschriebene Wort stellen, um das Wunder zu bestaunen und mit Ausrufen der Überraschung in das Freudengeschrei des glücklichen Autors einzustimmen ...«

Anmerkungen

[1] Der deutsche Pädagoge Friedrich Wilhelm August Fröbel (1782–1852) gilt als Begründer des Kindergartens. Fröbel erkannte die Bedeutung der frühen Kindheit für die menschliche Entwicklung und schuf ein System von Liedern, Beschäftigungen und »Spielgaben« für Kinder im Vorschulalter.

[2] Vgl. auch: Montessori, Maria: MMGW Bd. 1, Kap. XV.

[3] Bei den heute gebräuchlichen »Metallenen Einsatzfiguren« sind es zehn Einsätze.

[4] vgl. Anm. 10

[5] Gemeint sind die flachen geometrischen Einsatzfiguren.

[6] Vgl. Montessori, Maria: MMGW Bd. 1, Kap. XV.

[7] Lektionen zur Einführung der Materialien werden in der Montessori-Pädagogik als »Einführungslektion« oder auch »Dreistufenlektion« bezeichnet.

[8] vgl. Montessori, Maria: MMGW Bd. 1, S. 261 f.

[9] Hier fehlen einige Zeilen des Originaltextes.

Das Lesen
ohne
Fibel

Bei den vorbereitenden Übungen hat man das Lesen zugleich mit dem Schreiben begonnen, da bei der Präsentation der Sandpapierbuchstaben das *Berühren* der Buchstaben einen embryonalen Akt des Schreibens darstellt, während das Sehen und Wiedererkennen eine erste Einführung in das Lesen bedeutet. Berühren und Sehen, d. h. Schreiben und Lesen, sind also zwei Tätigkeiten, die zu einer einzigen verschmelzen. Dasselbe kann man auch vom Zusammenstellen von Wörtern mit Hilfe des beweglichen Alphabets sagen. Das Kind, das ein Wort zusammensetzt, indem es einen Buchstaben neben den anderen legt, macht eine komplexe Übung, die auch das Lesen des Wortes enthält. Ohne Zweifel überwinden diese Übungen alle Schwierigkeiten, deren Lösung sonst Aufgabe der Fibeln ist. Man muss solche vorbereitenden Perioden jedoch vom wirklichen *Lesen* unterscheiden, das sich, unabhängig vom Schreiben, deutlich davon abhebt.

Das Lesen besteht darin, eine gedankliche Vorstellung (Idee) durch das geschriebene Wort zu bekommen. Wenn man das Lesen so versteht, entwickelt es sich nicht gleichzeitig mit dem Schreiben, wie man es aufgrund ihres Entstehens vielleicht annehmen könnte. Bei unserer Methode geht das Schreiben dem Lesen voraus und das bildet einen weiteren Gegensatz zu den gängigen Methoden. Wenn man genau überlegt, so herrschen in den vorbereitenden Übungen zum Schreiben die psychomotorischen Mechanismen vor, die in der frühen Kindheit besonders aktiv sind. Hingegen kommt beim Lesen eine rein intellektuelle Arbeit hinzu, die daher für eine fortgeschrittene Periode der psychischen Entwicklung angemessen ist.

Die besonderen Übungen für das Lesen sind die folgenden: Auf ein gewöhnliches Blatt Papier schreibt man kursiv ein bekanntes Wort oder ein Wort, das einen vorhandenen Gegenstand bezeichnet. Wenn sich das Wort auf vorhandene Gegenstände bezieht, ist es ratsam, diese Gegenstände vor den Augen des Kindes sichtbar hinzustellen, um ihm das Verständnis der Wörter zu erleichtern. Man muss sich keine Gedanken darüber machen, ob es sich um einfache oder schwierige Wörter handelt. Denn die Kinder haben schon so viele Übungen zum Zusammensetzen von Wörtern gemacht, dass diese, als eine Zusammensetzung von Lauten betrachtet, keinerlei Schwierigkeit mehr machen. Das Lesen beschränkt sich also auf jene kleine zusätzliche Anstrengung, den Lauten der

Wörter den Sinn, d.h. die gedankliche Vorstellung (Idee), zu entnehmen.

Das Kind verrichtet diese Arbeit sehr langsam und vollendet sie mit einer gewissen Anstrengung. Aber wenn es schließlich *begreift*, strahlt es vor Befriedigung. Die Verbindung des geschriebenen (gelesenen) Wortes mit dem entsprechenden Gegenstand ließ zu Beginn ein echtes Lesespiel entstehen.

Das Spiel zum Lesen von Wörtern

Auf den Tisch wurden verlockende Gegenstände gelegt, gewöhnlich kleine Spielzeuge, und in ein Kästchen oder in einen Korb eingerollte Zettel, auf denen das Wort geschrieben stand. Es folgte eine Art Verlosung, und das Kind, dem es gelang, den Zettel zu lesen, den es zufällig erlost hatte, präsentierte ihn wie einen Schein, der ihm das Recht gab, sich das entsprechende Spielzeug zu holen.

Später verwandelte sich dieses Spiel in individuelle Übungen, die darin bestanden, eine Gruppe von Spielzeugen und die dazu gehörenden Zettel zu nehmen. Diese sollten nach dem Lesen zu den jeweiligen entsprechenden Gegenständen gelegt werden. Noch heute bildet dieses Material bei den nicht-phonetischen Sprachen ein erstes Übungsmaterial für das Lesen.

Aber in unseren Schulen mit italienischer oder spanischer Sprache (phonetisch par excellence) weigerten sich die Kinder schon bald, die Spielzeuge zu nehmen, und um die Wette besorgten sie sich stattdessen eine möglichst große Anzahl von Zetteln aus purer Freude, diese zu lesen. Diese überraschende Tatsache zeigt, dass die Kinder das Wissen mehr lieben als das Spiel. Und der sicherste Weg ist der, zu neuen Kenntnissen zu gelangen, ohne sich von der Suche nach überflüssigen Hilfsmitteln aufhalten zu lassen.

Da ich seit der Zeit meiner ersten Versuche zu dieser Überzeugung gekommen war, schlug ich der Lehrerin vor, in diesem Sinne vorzugehen und auch Druckschrift anzubieten, und zu diesem Zweck einige Blätter mit Wörtern in Handschrift und in Druckbuchstaben vorzubereiten. Doch die Kinder kamen uns zuvor. Im Saal hing ein Kalender mit vielen Wörtern in Druckschrift und anderen Wörtern in gotischer Schrift. Zu unserem großen Erstaunen lasen einige Kinder die einen oder anderen Wörter ohne jede Hilfe. Später bestätigte sich, dass die Kinder in ihrer Entwicklung nicht allmählich voranschreiten, wie wir bisher angenommen hatten, sondern viele Schwierigkeiten überspringen, vor allem, wenn sie vom Wissensdrang angetrieben werden, der ihr Intuitionsvermögen schärft.

Das Lesen von Sätzen

Es folgt eine Beschreibung, die dem bereits zitierten Werk[1] entnommen ist: »... Eines Tages, als wir uns unterhielten, sprangen vier Kinder gleichzeitig mit einem Ausdruck von Freude auf und schrieben Sätze folgender Art an die Tafel: ›Ich freue mich so sehr, dass der Garten blüht.‹ Das war eine große und bewegende Überraschung für uns. Denn diese Kinder waren von sich aus zum ›Zusammenstellen‹ von Worten gelangt, genauso wie sie bereits vorher von sich aus das erste Wort geschrieben hatten.

Ich begriff, dass der richtige Zeitpunkt gekommen war, zum Lesen von Sätzen überzugehen und dazu griff ich auf das gleiche Mittel zurück, d.h. auf das Schreiben an die Tafel. ›Habt ihr mich lieb?‹ Die Kinder lasen langsam den Satz und riefen dann ganz laut: ›Ja, ja!‹ Und ich schrieb weiter: ›Dann seid still, verhaltet euch alle ruhig.‹ Sie lasen fast schreiend, und kaum waren sie damit zu Ende, breitete sich eine feierliche Stille aus, die nur hin und wieder durch die Geräusche unterbrochen wurde, welche die Kinder im Bestreben, ruhig zu sitzen, beim Verrücken der Stühle machten. So entwickelte sich zwischen ihnen und mir eine schriftliche Kommunikation ...«.

Auf solchen Erfahrungen basieren das Material und die Übungen für das Lesen der Sätze. Es handelt sich dabei um Zettel, auf denen lange Sätze geschrieben stehen, die angeben, was die Kinder tun sollen, zum Beispiel: »Schließe die Innenläden und öffne die Eingangstür!« Oder: »Bitte acht deiner Kameraden, von ihrem Platz aufzustehen und sich in Zweierreihen aufzustellen!«

Die Kinder nehmen die Zettel, gehen in eine Ecke, um sie in Ruhe zu lesen, und führen dann die Tätigkeit aus. Dies macht das Lesen wieder zu einer individuellen Übung, die jedes Kind sich aussuchen darf wie dann, wenn es mit dem anderen Material übt. Das Interesse, das es bei der Übung selbst hat, zeigt bereits an, ob das Kind die Zettel gut gelesen hat. Daher muss die Lehrerin sich auch nicht bemühen, zu überprüfen, ob das Kind den Handlungsauftrag des Kärtchens ausgeführt hat oder nicht. Da es nicht verpflichtet ist, einen bestimmten Zettel zu nehmen, und sich keiner sonst für seine individuellen Übungen interessiert, würde es keinen Sinn machen, das Material auszuwählen, wenn es nicht lesen könnte.

Wenn es viele Kinder sind, die unabhängig voneinander diese Beschäftigungen wählen, entsteht im Saal ein reges Treiben. Der eine geht auf und ab, der andere macht das Fenster zu, ein dritter lässt seine Kameraden marschieren oder singen, ein weiterer holt Gegenstände aus den Schränken. Es ist eine Bewegung, die wie durch eine große Eroberung hervorgerufen wird: Eine leise Stimme erreicht ihren Verstand und erteilt geheimnisvolle Befehle.

Anmerkung

[1] vgl. Montessori, Maria: MMGW Bd. 1, S. 278.

Nachwort
des Herausgebers

Maria Montessori befasste sich zeit ihres Lebens mit Fragen kindlicher Sprachentwicklung und sprachlicher Bildung. Wiederholt weist sie dabei auf eine angeborene Empfänglichkeit für die Laute menschlicher Sprache und die Notwendigkeit einer sprachlich anregenden Umgebung hin. Am Beispiel der Schicksale sog. *Wolfskinder* identifiziert sie sensible Phasen, in denen das Kind seine *geheimnisvolle innere Entwicklung* vollzieht. Ihre praxisorientierten Ausführungen stellen methodische Wege und didaktische Materialien in den Mittelpunkt, die Kinder beim Spracherwerb, der sich oft *in explosiver Weise* vollzieht, unterstützen und fördern.

In den *Gesammelten Werken Maria Montessoris* werden Hintergründe und Entstehungszusammenhänge ihrer Schriften näher erläutert. Nachfolgend werden nur einige Hinweise gegeben, die zum besseren Verständnis der für dieses Buch ausgewählten Texte zur sprachlichen Bildung beitragen können.

1. Das Geheimnis der Sprache (1946)

Dieser Text entspricht Kap. 7 in »Erziehung für eine neue Welt« (Kleine Schriften Bd. 5), dessen Haupttext erstmals 1946 in englischer Sprache unter dem Titel »Education for a New World« in Madras (Indien) erschien. Eine Neubearbeitung der deutschen Übersetzung ist für MMGW Bd. 16 »Kosmische Erziehung« vorgesehen, der neben »Education for a New World« auch den Text »To Educate the Human Potential«[1] aus Montessoris Spätwerk enthalten wird.

Maria Montessori lebte von 1939 bis 1949 in Indien und befasste sich dort auch mit Fragen der frühkindlichen Entwicklung. Der ausgewählte Text präsentiert zentrale Ergebnisse ihrer Studien in besonders klarer Weise. Geradezu poetisch formuliert Montessori, wenn sie das Sprachpotential des Kindes als ein »schlafendes Selbst, das durch die Musik der menschlichen Stimme erweckt zu werden scheint« bezeichnet. Der Erwachsene möge daher nicht in *Babysprache* mit dem Kind reden, sondern als Vorbild dienen, damit die »geheimnisvolle Musik, die es … so tief berührt«, ihre Wirkung entfalten kann.

2. Der Beginn des Unterrichts / Schreiben – Lesen (1950)

Dieser Text wurde dem 1952 erstmals in deutscher Sprache erschienenen Band »Kinder sind anders«[2]

entnommen. Die Übersetzung des Werkes »Il Segreto dell'Infanzia« (Mailand 1950) wurde von Percy Eckstein und Ulrich Weber besorgt. Eine Bearbeitung erfolgte durch Helene Helming.

Der Band enthält Vorträge Montessoris im katalanischen Rundfunk, die 1935 in einer spanischen Montessori-Zeitschrift veröffentlicht wurden. In den 30er und 40er Jahren folgten verschiedensprachige Buchausgaben, u. a. auf Englisch (1936), Spanisch (1937), Italienisch (1938) und Portugiesisch (1943), aber einzig die spanische Ausgabe wurde von Montessori für authentisch erklärt. Eine Neubearbeitung des Werkes, basierend auf der autorisierten spanischen Ausgabe, ist für MMGW Bd. 13 »Das Kind« vorgesehen.

»Kinder sind anders« eignet sich dank der Anschaulichkeit und Prägnanz der Texte gut als Einführung in die Pädagogik Maria Montessoris. Auch der Bericht über den Beginn des Schreibens und Lesens Vierjähriger im römischen Kinderhaus, nach Montessori »das größte Ereignis seiner Geschichte«, ist aufschlussreich und inspirierend. Begeistert schildert sie, wie Kinder die Bedeutung der Schriftsprache entdecken, es erst zu einem *Aufbrechen des Schreibvermögens* kommt und kurz darauf zur *Explosion des Lesens*. Montessori feiert dies euphorisch als ein *Wunder*. Ihre pädagogischen Schlussfolgerungen lesen sich auch heute noch mit großem Gewinn!

3. Die Analyse des Schreibens (1914)

»Die Analyse des Schreibens« ist ein Auszug aus
Kap. VII im »Praxishandbuch der Montessori-Methode« (MMGW Bd. 4, S. 122–136), das auf der verbes-
serten und erweiterten 3. spanischen Auflage (1939)
von »Dr. Montessori's Own Handbook« basiert. Dieses war 1914 in englischer Erstausgabe in London und
New York erschienen. Das Werk präsentiert »*einige
der wichtigsten Ideen*«, so Montessori im Vorwort,
»*die als Basis für die pädagogischen Grundlagen der
Kinderhäuser dienten*«, und soll »*Lehrern gleichzeitig
als praktische Anleitung und als eine Art Denkschrift
dienen*«. Das mit zahlreichen Abbildungen versehene
Werk stellt die Montessori-Materialien und ihre
Handhabung und Einführung anschaulich vor.

Das Buch erschien nur wenige Jahre nach Montessoris pädagogischem Erstlingswerk »Die Entdeckung
des Kindes« (MMGW Bd. 1), das manche Leser für
zu theoretisch hielten. Mit der Veröffentlichung des
Praxishandbuchs verband Montessori die Absicht, ein
Lehrbuch mit praktischen Richtlinien zur Gestaltung
der Vorbereiteten Umgebung, zur Lehrerolle und zur
Präsentation der Materialien vorzulegen. In den USA
waren zuvor bereits nicht autorisierte Werke zur
Montessori-Praxis erschienen, was der Pädagogin
missfiel. Daher erschien das Handbuch zuerst auf
Englisch, gefolgt von anderssprachigen Ausgaben und
mehrfachen Überarbeitungen der Erstfassung durch
Montessori selbst, um der Öffentlichkeit eine authen-

tische Darstellung ihrer pädagogischen Ideen und Praxis anzubieten.

4. Das Lesen ohne Fibel (1914)

Auch Kap. VIII (S. 137–140) des »Praxishandbuchs« fokussiert Materialien zur Unterstützung des Schriftspracherwerbs im Kinderhaus, hier in Bezug auf das Lesen, und bietet klare Anweisungen zu ihrer didaktischen Bedeutung und Reihenfolge. Montessoris Darstellung von *Schlüsselerlebnissen* geben Aufschluss über die Entwicklung ihrer Methode, die sie explizit als »Methode des Kindes« verstand. Am Beispiel des spontan erwachenden Interesses von Kindern am Lesen zeigt sich auf beeindruckende Weise, wie sie unerwartete Interessensbekundungen der Kinder aufgreift und dazu passende, handlungsorientierte Lernangebote entwickelt. Ihre Texte zur individuellen Förderung des Lesens »mit allen Sinnen« stellen auch heute noch einen wichtigen Beitrag zur sprachdidaktischen Diskussion dar.

Anmerkungen

[1] Erstveröffentlichung in deutscher Sprache in: Kleine Schriften Maria Montessoris, Bd. 1 »Kosmische Erziehung« (1988) unter dem Titel »Menschliche Potentialität und Erziehung«.

[2] Klett-Verlag: Stuttgart 1952, Kap. 26, S. 183–188

Literaturhinweise

Ausführliche Verzeichnisse von Primär- und Sekundärliteratur zur Pädagogik Maria Montessoris auf dem jeweils aktuellen Stand finden sich in jedem der Bände der Gesammelten Werke Maria Montessoris *(hrsg. von Harald Ludwig in Zusammenarbeit mit Christian Fischer, Michael Klein-Landeck und Volker Ladenthin, in Verbindung mit der Association Montessori Internationale (AMI), Freiburg: Verlag Herder 2010 ff.*

Bisher sind folgende Bände erschienen:
Bd. 1: Die Entdeckung des Kindes, Freiburg 2010, 3. Aufl. 2015

Bd. 2/1: Anthropologische Schriften I: Frühe anthropologische Werke 1903–1906, Freiburg 2019

Bd. 2/2: Anthropologische Schriften II: Pädagogische Anthropologie, Freiburg 2019

Bd. 3: Erziehung und Gesellschaft – Kleine Schriften aus den Jahren 1897–1917, Freiburg 2011

Bd. 4: Praxishandbuch der Montessori-Methode, Freiburg 2010, 3. korrigierte Aufl. 2015

Bd. 5: Kalifornische Vorträge – Gesammelte Reden und Schriften von 1915, Freiburg 2014

Bd. 7: Das Kind in der Familie, Freiburg 2011, 2. Aufl. 2017

Bd. 11: Psychoarithmetik – Die Arithmetik dargestellt unter Berücksichtigung kinderpsychologischer Erfahrungen während 25 Jahren, Freiburg 2012

Bd. 12: Psychogeometrie – Das Studium der Geometrie basierend auf der Psychologie des Kindes, Freiburg 2012

Bd. 14: Von der Kindheit zur Jugend: Grundschule – Sekundarschule – Universität, Freiburg 2015, 2. Aufl. 2018

Bd. 15: Durch das Kind zu einer neuen Welt, Freiburg 2013, 2. Aufl. 2017

In Vorbereitung sind folgende weitere Bände:

Bd. 6/1: Die Selbsterziehung des Kindes in den Grundschulen: Grundlagen

Bd. 6/2: Die Selbsterziehung des Kindes in den Grundschulen: Praxis

Bd. 8: Gott und das Kind

Bd. 9: Frieden und Erziehung

Bd. 10: Grundlagen meiner Pädagogik

Bd. 13: Das Geheimnis der Kindheit

Bd. 16: Kosmische Erziehung

Bd. 17: Der absorbierende Geist

Bd. 18: Über die Bildung des Menschen

Bd. 19: Neue Welt und Erziehung

Bd. 20: Briefe Maria Montessoris

Zur Einführung in Theorie und Praxis der Montessori-Pädagogik geeignete aktuelle Textsammlungen mit weiterführenden Literaturhinweisen sind:

Ludwig, Harald (Hrsg.): Grundgedanken der Montessori-Pädagogik – Quellentexte und

Praxisberichte, begründet von Paul Oswald und Günter Schulz-Benesch, vollständig überarb. u. erweiterte Neuausgabe, Freiburg 2017 (25. Gesamtauflage, erstmals 1967)

Böhm, Winfried (Hrsg.): Maria Montessori – Einführung und zentrale Texte, Paderborn 2010

Eine neue Pädagogik

Maria Montessori
Meine Pädagogik
Einführung in eine neue
Erziehung
80 Seiten, Kartoniert
ISBN 978-3-451-38748-7

»Die Vorbereitung der Umgebung und die Vorbereitung des
Lehrers sind das praktische Fundament unserer Erziehung.
Immer muss die Haltung des Lehrers die der Liebe sein. Dem
Kind gehört der erste Platz, und der Lehrer folgt ihm und
unterstützt es.«

In jeder Buchhandlung!

HERDER

www.herder.de

Die soziale Frage des Kindes

Maria Montessori
Kinderrechte
Die soziale Frage
des Kindes
80 Seiten, Kartoniert
ISBN 978-3-451-37782-2

»Die Bedeutung der kindlichen Persönlichkeit muss unter
den moralischen Prinzipien der Menschheit heilig sein, da
vom Kind nicht nur die körperliche Verfassung des Menschen,
sondern auch sein moralischer Charakter abhängt.«

In jeder Buchhandlung!

HERDER

www.herder.de

Baumeister des Menschen

Maria Montessori
Das Kind
Baumeister des Menschen
80 Seiten, Kartoniert
ISBN 978-3-451-34952-2

»Die Kinder waren alle richtige Baumeister, sie waren
die Schöpfer des Menschen, so wie er von der geistigen
Natur entworfen war, und sie waren ständig mit dieser
anspruchsvollen Konstruktion befasst.«

In jeder Buchhandlung!

HERDER

www.herder.de

Erziehung für die Eine Welt